This book belongs to:

____

A a
Alligator

A A A
a a a

B b
Ball

B   B   B
b   b   b

C c
Cat

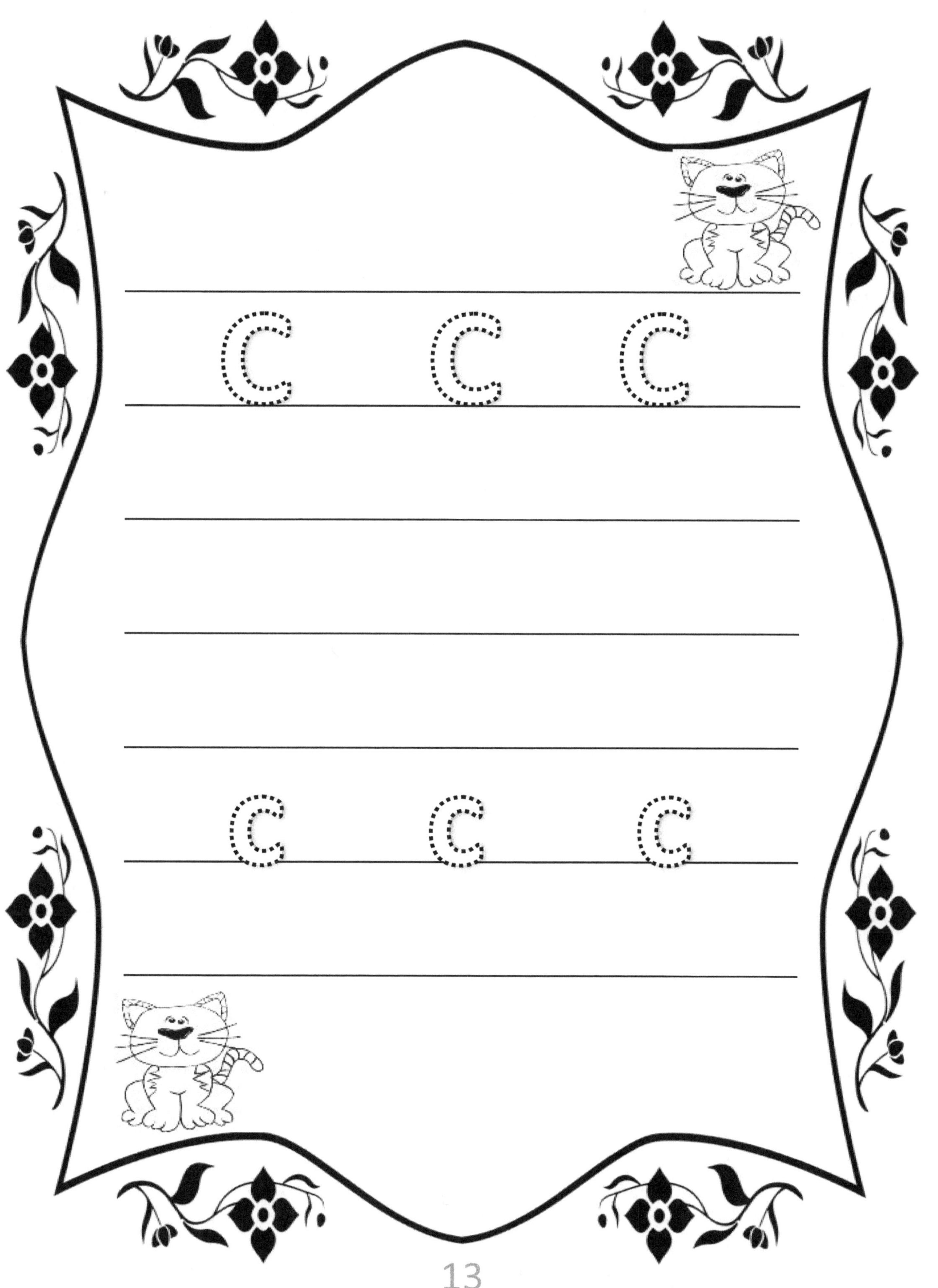

D   d
Dog

D D D

d d d

E e
Elephant

E E E
e e e

F   f
Frog

G g
Grapes

H   h
Hamster

H H H
h h h

34

I i
Ice

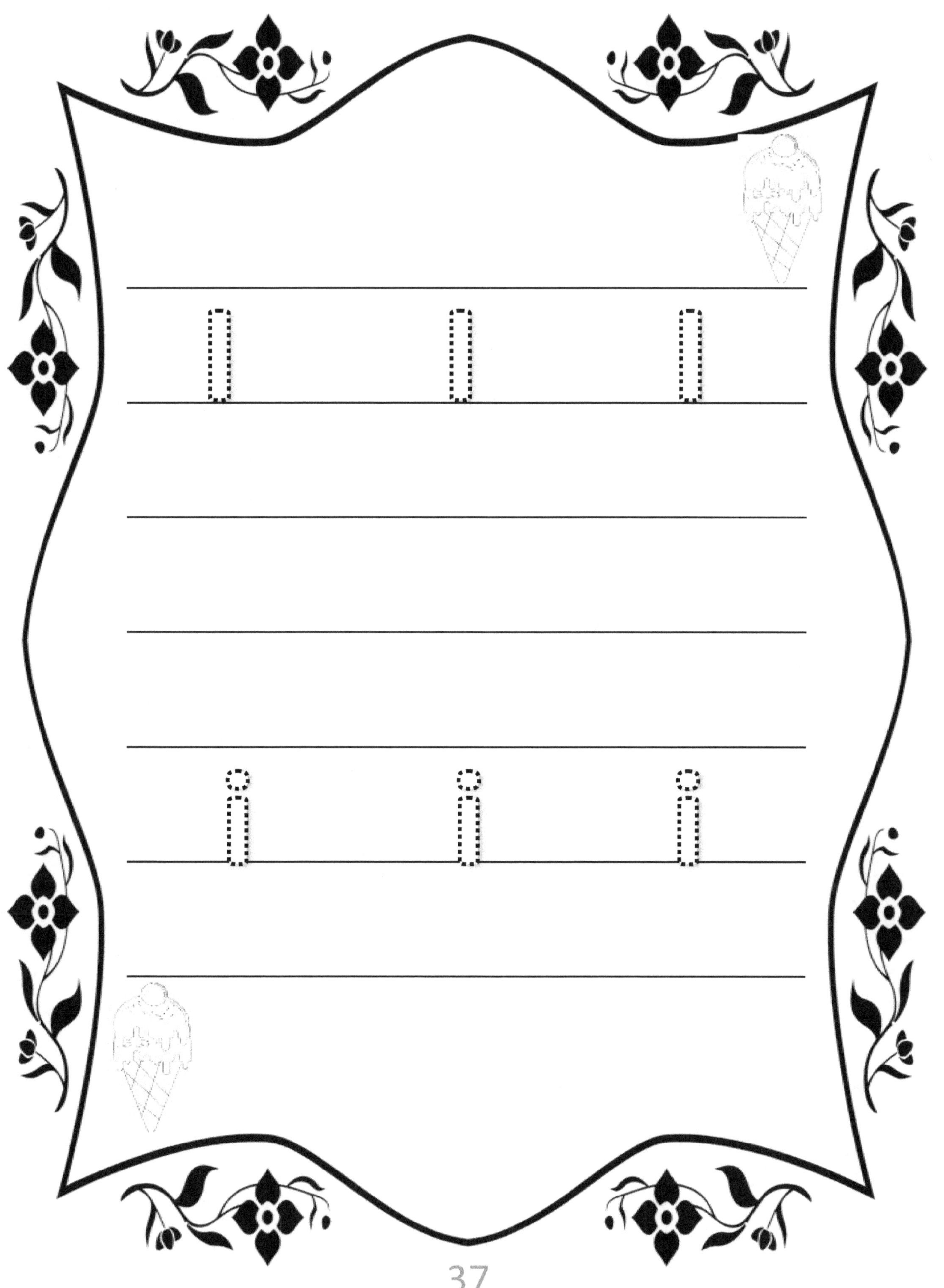

J j
Juice

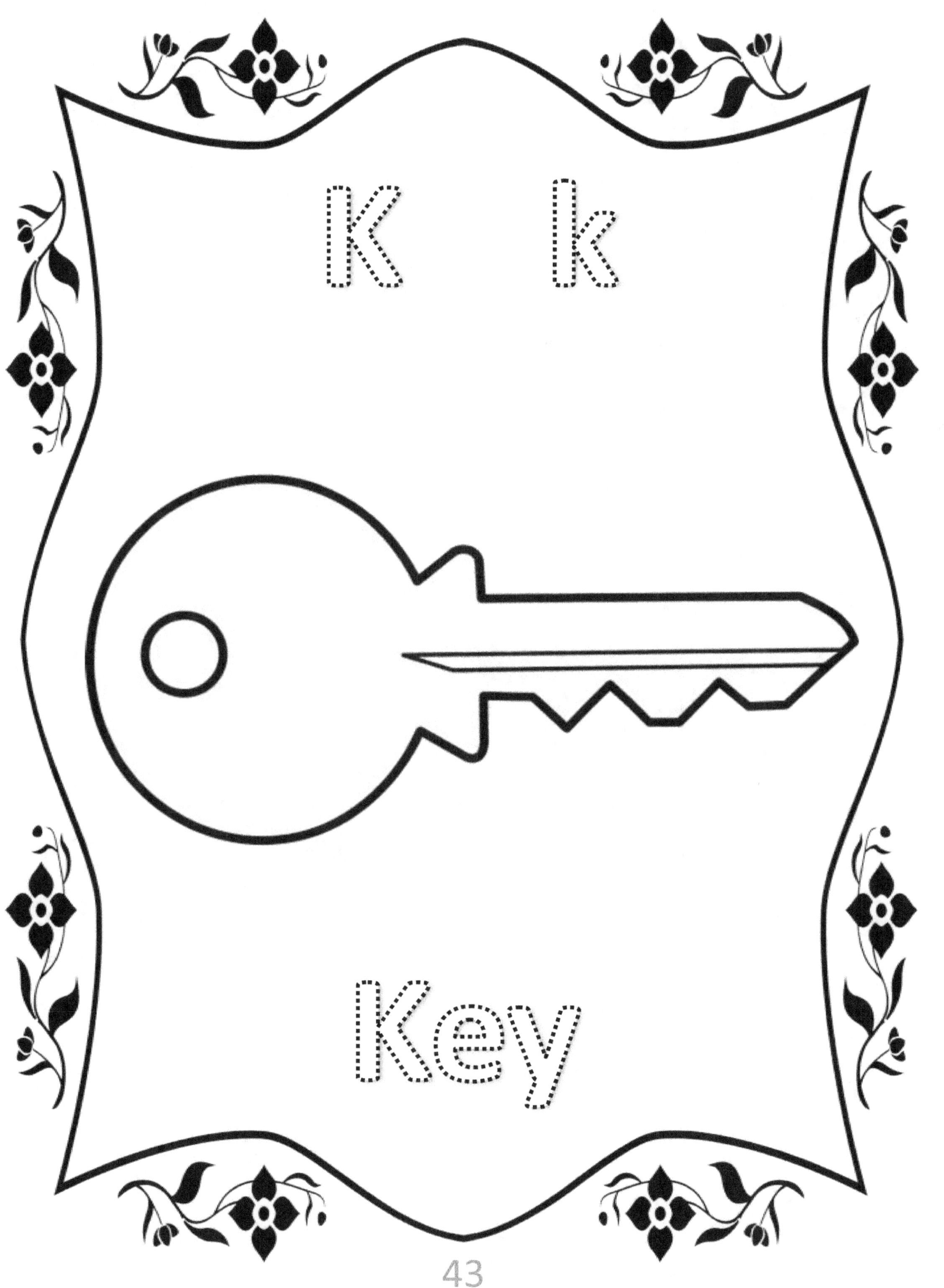

K k
Key

L l
Lion

M m
Mouse

N n

Nest

O o

Orange

P p
Pig

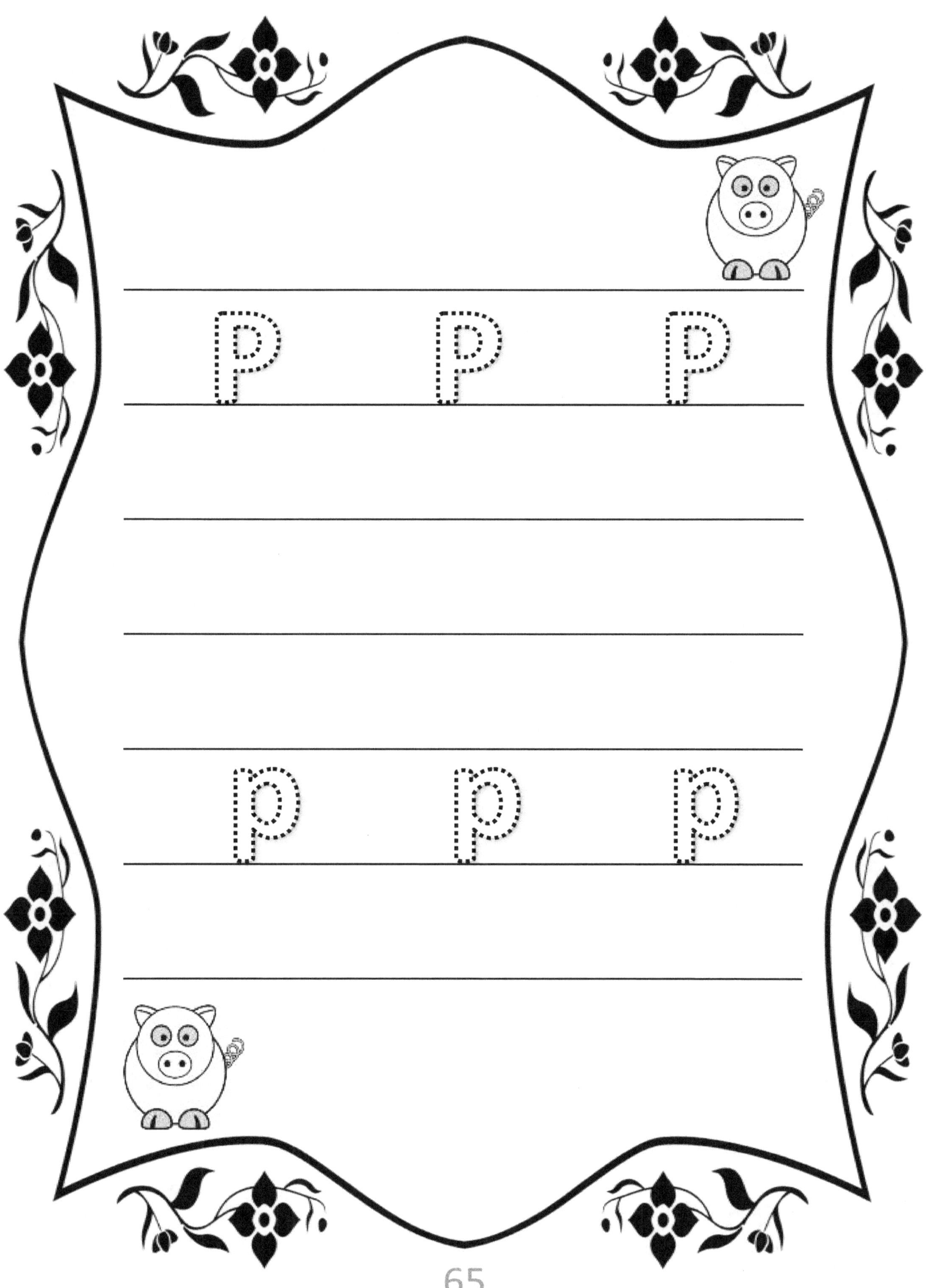
P P P
p p p

Q q
Queen

R r

Rose

R   R   R
r   r   r

S   s
Snail

T t
Turtle

T T T

t t t

U u
Umbrella

V   v
Violon

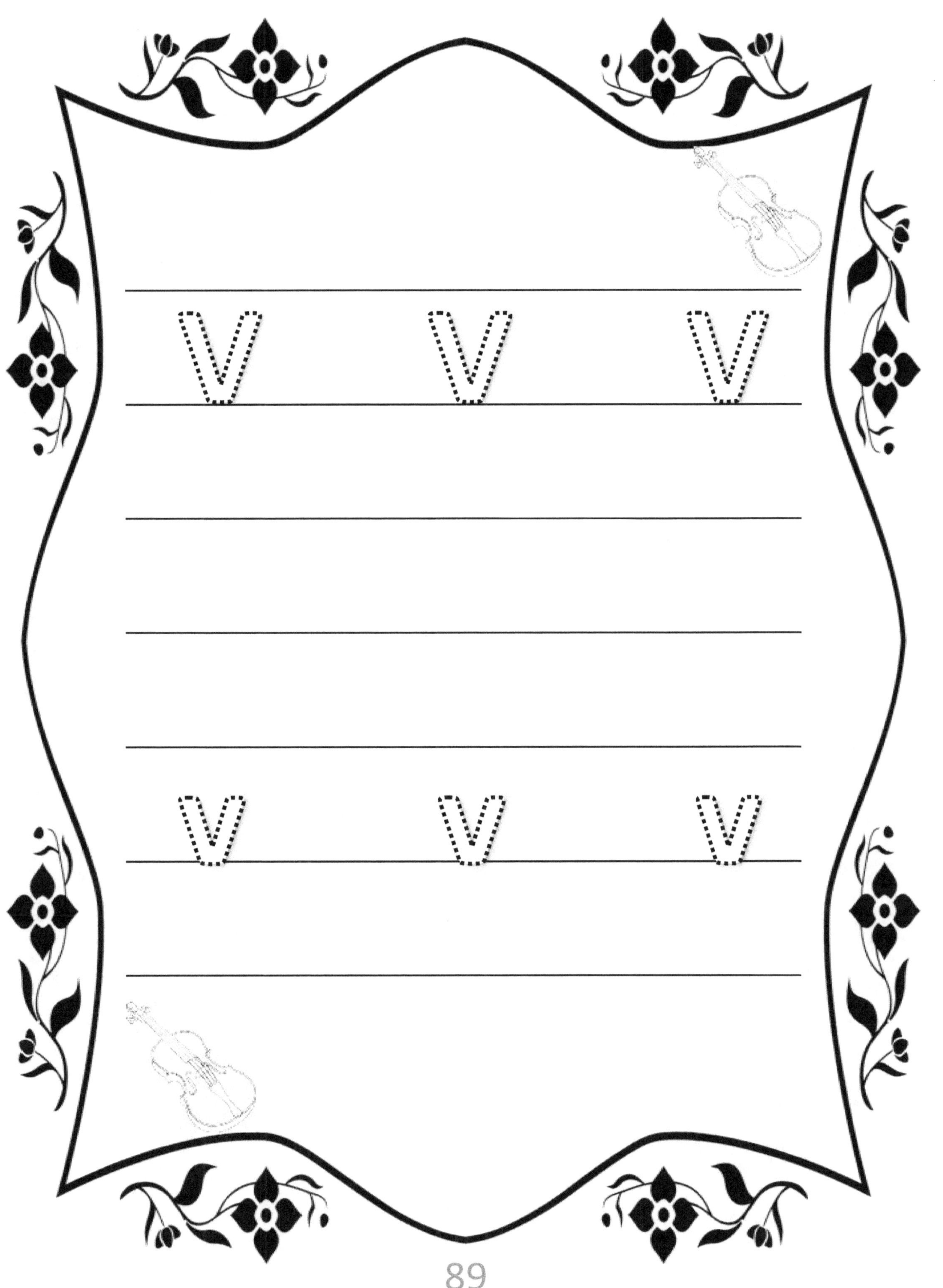

W w
Watermelon

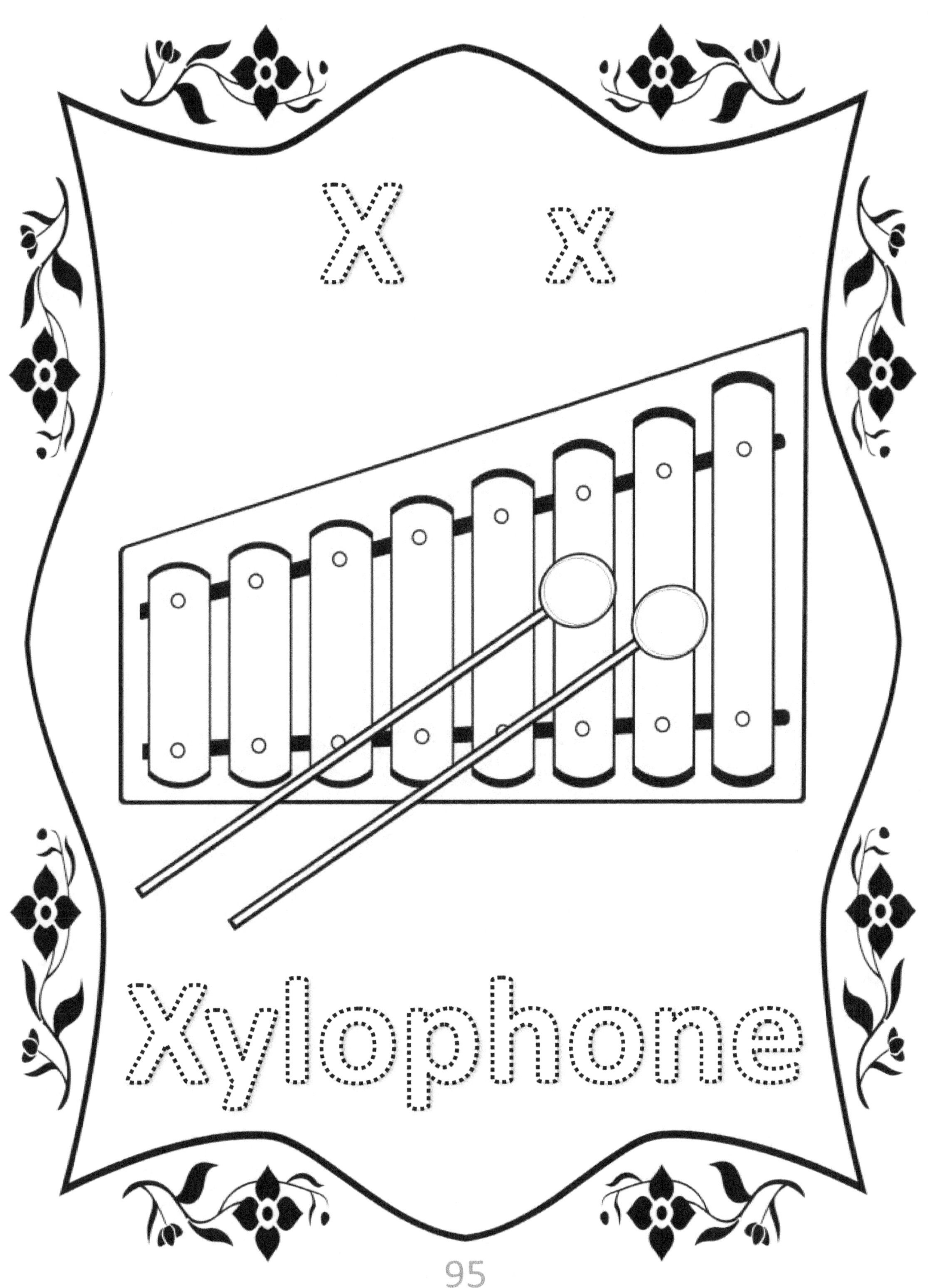
X x
Xylophone

Y y
YOGURT
Yogurt

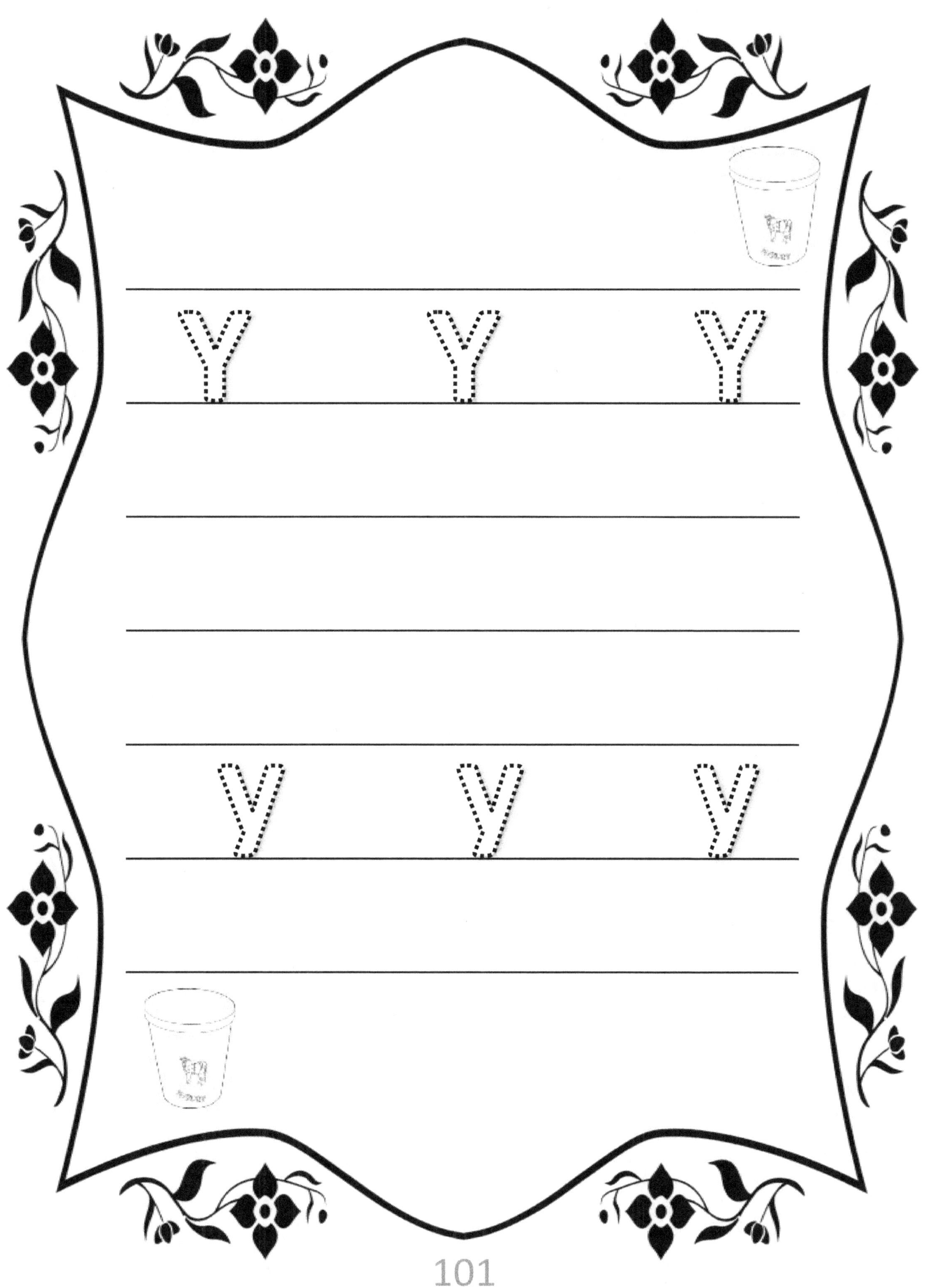

Z z
Zebra